RENATA SCHIAVO CAMPO

Wie die Schlange ihre Beine verlor

illustriert von
SANTA LA BELLA

Deutsch von Hilde Linnert

Annette Betz Verlag

Einst, vor langer Zeit

krochen die Schlangen nicht wie heute im Gras herum und jagten damit den Menschen Angst ein. Damals sahen sie anders aus, sie besaßen vier kleine Beine, einen Körper, der grau war wie ein Regentag, und waren kaum größer als die Glühwürmchen; vor allem aber waren sie gesellige, verspielte Geschöpfe, die immer fröhlich und zu lustigen Streichen aufgelegt waren.
Niemand weiß warum, aber eines Tages begann eine Schlange namens Python, Zentimeter um Zentimeter zu wachsen.
Zuerst ärgerte sie sich darüber, denn das Bett wurde ihr zu kurz, und sie mußte auf dem Boden schlafen, ihr Kleid wurde ihr zu eng, so daß sie es immer wieder ausziehen und die Haut wechseln mußte, und vor allem mußte sie beim ersten Anzeichen einer Gefahr davonlaufen, weil es keinen Sinn hatte, wenn sie sich hinter einem Stein versteckte: irgendwo guckte immer ein Stückchen Schwanz hervor.

Doch allmählich begann die Schlange, auf ihre Größe stolz zu sein und damit anzugeben. Sie erklärte ihren winzigen Verwandten, daß sie weiter wachsen würde, bis sie so groß wäre wie ihre anderen Verwandten, die Dinosaurier, also mindestens

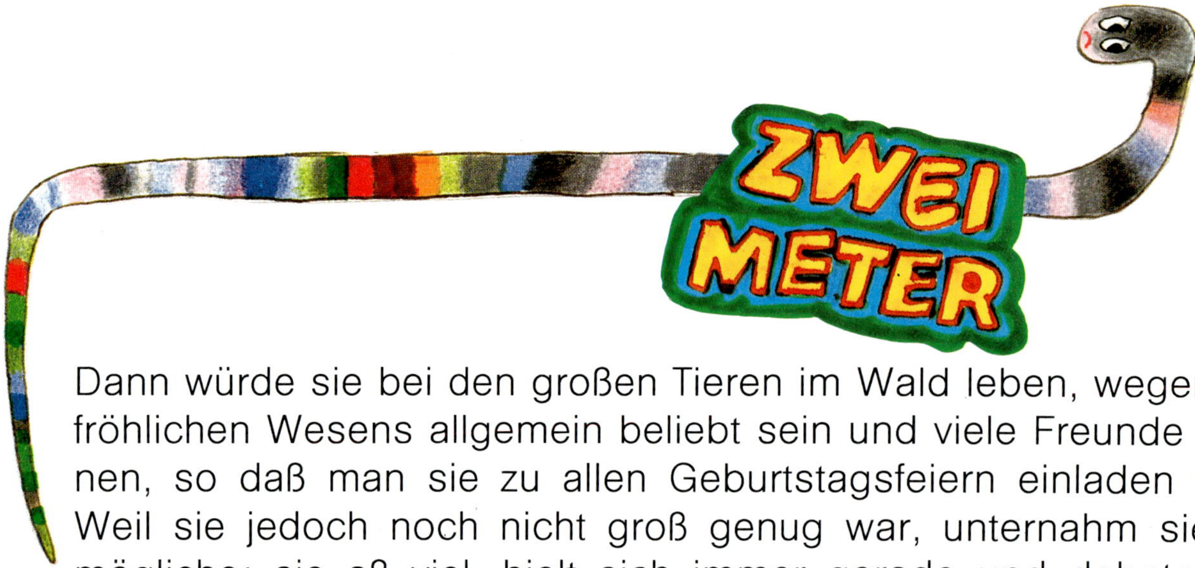

Dann würde sie bei den großen Tieren im Wald leben, wegen ihres fröhlichen Wesens allgemein beliebt sein und viele Freunde gewinnen, so daß man sie zu allen Geburtstagsfeiern einladen würde. Weil sie jedoch noch nicht groß genug war, unternahm sie alles mögliche: sie aß viel, hielt sich immer gerade und dehnte jeden Abend ihre Haut, so weit es nur ging; danach rollte sie sich zum Schlafen zusammen, damit die Haut sich nicht wieder zusammenzog. Außerdem fror sie auf diese Weise nie.
Ich weiß nicht, ob diese Anstrengungen daran schuld waren; fest steht jedoch, daß die Schlange weiter wuchs. Sie wurde länger und immer länger, bis sie zwei Meter maß; dann sagte sie sich: »Hmmm! Ich glaube nicht, daß das genügt.«
Sie wurde also noch größer, war schließlich fünf Meter lang – und noch immer nicht zufrieden.

Sie wuchs, solange es ihr möglich war, dann hörte sie damit auf und erklärte laut:
»Jetzt reicht es, ich kann nicht mehr.«

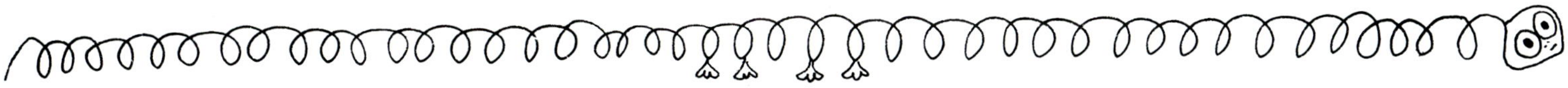

Vom Kopfende bis zur Schwanzspitze maß sie nun beinahe
ZEHN METER.

Die übrigen Tiere hatten ihre Bemühungen gespannt beobachtet. Vettern und Basen aller Verwandtschaftsgrade folgten ihr überall hin und ahmten jede ihrer Bewegungen nach, denn sie hofften, daß sie dadurch auch um einige Zentimeter wachsen würden. Doch die Katzen, die Wölfe, die Waschbären – kurz, alle anderen Tiere bis hinunter zum kleinsten Eichhörnchen – beobachteten sie neugierig aus der Ferne und lachten sich dabei schief.
»Worüber lachen sie eigentlich?« fragte die Schlange, die ihren langen Körper mühsam dahinschleppte und alle fünf Minuten anhalten mußte, um zu rasten.
Sie hätte es wohl nie erfahren, wenn ihr nicht die Giraffe (die liegend gezeichnet ist, weil sie sonst nicht auf die Seite paßt)

von oben her zugeflüstert hätte:
»Du bist in die falsche Richtung gewachsen.«
»Wieso denn?« fragte die Schlange erstaunt.
»Wahrscheinlich, weil du in der falschen Stellung schläfst. Wenn ich ebenfalls die Gewohnheit hätte, mich zusammenzurollen,

zusammengerollte Giraffe

würde ich jetzt auch anders aussehen.«
Sie fraß majestätisch eine Knospe von der Krone eines Baumes.

Während die Schlange weiterging, dachte sie über die Worte der Giraffe nach. Sie verstand sie nicht, sie klangen rätselhaft. Also stellte sie sich vor den Spiegel,

← trat einen Schritt vor
und einen zurück, →

musterte sich eingehend und brummte: »Was soll das heißen, daß ich in die falsche Richtung gewachsen bin? Entweder man wächst, oder man bleibt ein Zwerg. Ich bin groß, mein Kopf ist schön, mein Schwanz spitz und meine Beine . . .« Hier stockte sie, denn jetzt begriff sie erst: ihre Beine wirkten tatsächlich etwas komisch. Wie ihr seht, besaß die Schlange vier Beine. Das genügt zwar für ein Tier, das kaum größer ist als ein Glühwürmchen, ist aber für jemanden ihrer Größe zuwenig. Und da sich die Beine natürlich in der Körpermitte befanden, hingen der Kopf und der Schwanz, denen eine Stütze fehlte, dummerweise auf den Boden hinab.

»Ich könnte zwei nach vorn schieben«, überlegte die Schlange, »die anderen beiden nach hinten, und das Problem wäre gelöst.«
Leider war das ein Irrtum. Jetzt blieben Kopf und Schwanz zwar oben, doch in der Mitte hing der Bauch auf den Boden hinunter.

»Und wenn ich sie hintereinander anbringe?« fragte sie sich. Der Gedanke gefiel ihr. Sie nahm Maß, ordnete die Beine in gleich großen Abständen an und versuchte zu gehen.
Doch das erwies sich als unmöglich; sogar auf einem Schwebebalken wäre sie leichter vorwärts gekommen.

Weil die Schlange merkte, daß sie keine Lösung fand, beschloß sie, sich an jemanden zu wenden, der etwas davon verstand.
Sie verließ ihr Haus und die Umgebung, ging immer weiter

und gelangte auf einen Berggipfel, auf dem sich das Haus von Meister Evolution befand, einem Fremden, den alle einfach Meister nannten und der schon vielen Geschöpfen geholfen hatte.

Meister war ein kleiner, leicht schmuddeliger Mann. Sein Kopf lief spitz zu, seine Haare waren immer ungekämmt, und er trug ein verwaschenes Hemd, das einmal weiß gewesen sein mochte. Er wohnte in einem staubigen Zimmer mit hohen Regalen voller Hörner, Zähne, Krallen und Schwänze, während die Tische und Stühle beinahe unter Bergen von Modellen und Zeichnungen aller Art verschwanden.

Als Meister seinen seltsamen Besucher erblickte, rieb er sich zufrieden die Hände. Er liebte Probleme und nahm an, daß dieses unendlich lange, komische Ding, das überall auf dem Boden schleifte, ihm ganz schön Kopfzerbrechen bereiten würde.

Er umkreiste neugierig die Schlange und untersuchte sie von allen Seiten. Sie mußte gehen, sich strecken und springen und ihm dabei

erklären, worin ihre Schwierigkeiten bestanden.
Als sie ihm traurig erzählte, was die Giraffe gesagt hatte, nickte Meister energisch, denn auch er konnte nicht verstehen, daß ein

Tier
waagrecht
gewachsen
war
und nicht
senkrecht.

Die Schlange wollte wissen, was er damit meinte, und Meister erklärte ihr, wenn sie es richtig gemacht hätte, wären die Beine länger geworden, nicht der Körper. Python fragte, was sie jetzt tun solle, und Meister sagte, es gäbe viele Möglichkeiten.

»Am einfachsten wäre es, wenn du die Zahl deiner Beine erhöhst, aber dann mußt du dir darüber klar werden, in welcher Reihenfolge du sie bewegst. Möchtest du Scheinfüße, wie sie die Raupe besitzt, oder echte Beine wie der Tausendfüßler?«

»Was heißt das, ›die Zahl der Beine erhöhen‹?« fragte die Schlange besorgt. »Wieviel würdest du mir denn empfehlen?«

»Ich müßte noch genaue Berechnungen anstellen«, antwortete Meister unschlüssig, »aber ich würde annehmen, daß du zweitausend brauchst, rechts tausend und links tausend.«

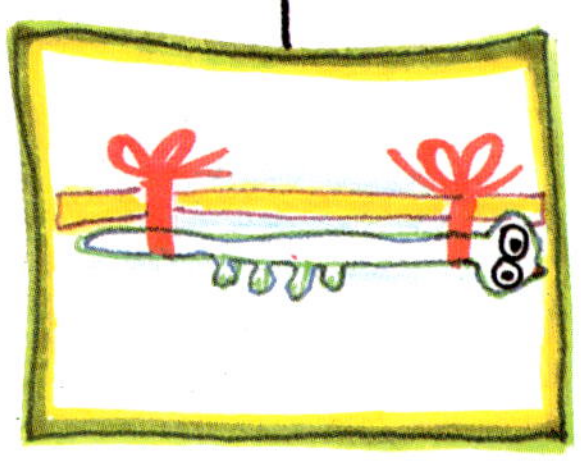

»Ob ich das schaffe?« überlegte die Schlange. »Womöglich kann ich dann nicht mehr gehen und bringe die vielen Beine durcheinander, weil ich mir nicht merken kann, wie ich sie bewegen muß.«

»Na ja«, meinte Meister Evolution, »wenn du nicht auf deine langgestreckte Gestalt verzichten willst, die ja wirklich sehr originell ist . . .«

»Natürlich will ich nicht darauf verzichten.«

»Das habe ich mir gedacht. Was hältst du davon, wenn dein Körper eine feste Stütze erhält und nirgends mehr die Erde berührt?«

»Denkst du etwa an einen Stock, den man nicht abbiegen kann?«

»Genau.«

Die Schlange dachte nach und sagte schließlich: »Und wenn ich zufällig etwas vergesse und zurückgehen muß, wie kann ich dann

Und ich werde mich nicht mehr zum Schlafen zusammenrollen können und bitterlich frieren.«

»Ja«, gab Meister Evolution zu.

»Du könntest damit Schwierigkeiten haben. Aber hör zu, wir können deine Beine ein bißchen stärker machen, sie in der Körpermitte belassen und zwei gasgefüllte Ballons anbringen, einen

beim Kopf und einen beim Schwanz.«

»Glaubst du, daß ich dann schöner bin?«
»Selbstverständlich – alles Zweckmäßige ist schön. Außerdem können wir hübsche Muster entwerfen, die Ballons rot oder gelb färben, sie mit Punkten, Streifen, Quadraten bemalen, dann ist die Wirkung großartig. Ich zeichne dir einen Entwurf.«

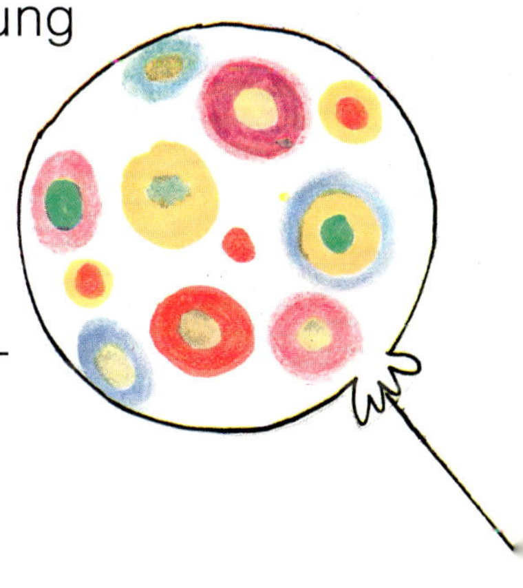

Der Entwurf gefiel der Schlange nicht, sie fand ihn lächerlich, und Meister Evolution schlug eine andere Lösung vor.
»Schön, wir verstärken die Beine ein wenig und stellen auf deinem Rücken einen Mast auf, an dem wir zwei Bändchen befestigen, die den Kopf und den Schwanz hochhalten. So:
»Es sieht aus wie ein Boot mit Beinen«, bemerkte die Schlange enttäuscht.

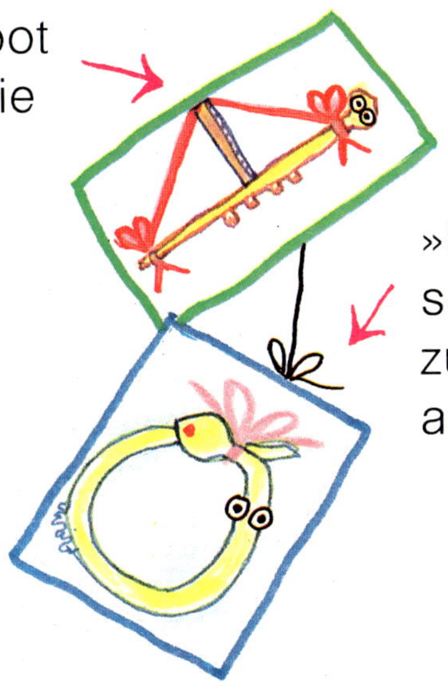

»Und wenn wir den Mast weglassen und nur Schwanz und Kopf zusammenbinden? Wir könnten ja auch die Augen verschieben . . .«

»Dann würde ich aber ganz anders aussehen«, wandte die Schlange ein, »und wäre überhaupt nicht mehr groß.«
»Also gut«, meinte Meister Evolution schon etwas ungeduldig, »wenn du dein Aussehen um jeden Preis unverändert behalten willst, dann gibt es nur eine Lösung: du verzichtest auf die Beine.«
»Wie gehe ich denn dann?«
»Ach, da gibt es viele Systeme. Lies einmal dieses Büchlein, in ihm biete ich sehr brauchbare Lösungen an.«
»Und wenn es mir nicht gelingt?«
»Dann mußt du wieder so klein werden wie vorher. Doch das wird nicht notwendig sein, denn mit ein bißchen Übung geht alles. Ich muß jetzt fort; wenn du Hilfe brauchst, rufe meinen Sekretär.«

Der Sekretär war ein Pelikan, der offenbar lesen, rechnen und Botschaften weitergeben konnte. Er sagte der Schlange, sie solle pfeifen, wenn sie etwas brauche, und ging fort, weil er eine sehr wichtige Privatangelegenheit erledigen mußte.

Python blieb allein zurück und dachte lange nach. Es gefiel ihr gar nicht, wieder so klein zu werden wie vorher, denn dann würden sich die anderen Tiere über sie lustig machen; nicht einmal ihre winzigen Verwandten würden sie mehr grüßen.

Andererseits,

da keiner von Meister Evolutions übrigen Vorschlägen brauchbar war, blieb ihr nur eine Lösung: sie mußte auf ihre Beine verzichten.

Die Schlange schloß die Augen, riß sich ohne zu zögern ein Bein nach dem anderen aus und warf sie achtlos, ohne lange zu überlegen, an unzugängliche Stellen, zum Beispiel in eine tiefe Schlucht und auf den Gipfel eines hohen Berges. Dann legte sie sich bequem zurecht und betrachtete die Zeichnung auf Seite 1 des

HANDBUCHS MIT ANWEISUNGEN FÜR ALLE, DIE OHNE BEINE GEHEN MÖCHTEN.

1. Erste Methode oder Das Rad. Bildet mit eurem Körper einen Kreis (ihr müßt nur den Schwanz mit den Zähnen festhalten) und rollt den Hang hinunter (siehe Zeichnung).

Das ist wirklich leicht, dachte die Schlange, während sie in einer tiefen Schlucht bergab rollte.

»Aber es tut weh«, jammerte sie, als sie gegen Steine prallte und von Dornen zerkratzt wurde.

Als sie endlich unten angelangt war, fragte sie sich besorgt:
»Und wie komme ich jetzt wieder hinauf?«
Weil ihr nichts einfiel, pfiff sie.

Kurz darauf traf der Pelikan ein. Er warf einen Blick auf die arme, ziemlich mitgenommene Schlange

und fragte sie, was geschehen war.

»Ich habe nur die Anweisungen auf Seite eins befolgt«, erklärte Python.

Der Pelikan blätterte im Büchlein, las aufmerksam und sagte dann: »Nach der ersten Seite kommt die zweite, auf der steht: Dieses System kann nur auf Planeten angewendet werden, auf denen es immer bergab

geht und die mechanische Aufstiegshilfen besitzen. Für die Erde ungeeignet.«

»Aha«, stellte die Schlange fest. »Und was steht auf Seite Nummer drei?«
»Das zweite System, das man in Erwägung ziehen kann«, fuhr der Pelikan fort, »funktioniert folgendermaßen:
1. Man preßt die Unterseite des Körpers fest auf den Boden,
2. hernach zieht man die Bauchmuskeln zusammen, gibt die Ausgangsstellung auf und schleudert sich vorwärts.«
»Du meine Güte, was heißt *hernach*?« stöhnte die Schlange verzweifelt.

»Das heißt, daß du springen mußt, als wolltest du einen Graben überqueren.«
»Ich bin noch nie in meinem Leben über einen Graben gesprungen«, erklärte die Schlange würdevoll. »Aber ich habe verstanden, was du meinst.« Sie machte einen Sprung.
»Halte dich nicht so steif wie ein Stock«, nörgelte der Pelikan kopfschüttelnd. »Du mußt mehr Schwung nehmen, lockerer sein.«
»Ich versuche es«, versprach die Schlange. Und sie sprang eine halbe Stunde lang, bis sie voll blauer Flecke, mit heraushängender Zunge und Tränen in den Augen liegenblieb.

»Du siehst nicht hübsch aus«, gab der Pelikan zu, als er sie sah. »Vielleicht ist dieses System doch nicht das Richtige für mich«, erwiderte die Schlange verärgert.
»Sehen wir noch einmal im Buch nach«, schlug der Pelikan vor. »Hier steht allerdings«, fuhr er fort, »daß du wenigstens ein Paar Federn unter dem Bauch haben mußt, sonst werden deine inneren Organe (das Herz, der Magen und alles übrige) zerquetscht.«
»Ich bin sicher, daß sie schon zerquetscht sind; ich fühle mich ganz zerschlagen. Schau nach, ob es noch eine Möglichkeit gibt.«
»O ja. Man stützt einen Teil des Körpers auf den Boden und wirft sich nach vorn. Diese Methode wird mit großem Erfolg vom Springschwanz angewendet (siehe Zeichnung in natürlicher Größe), der dazu ein kleines Organ an seinem Bauch benützt.«

Springschwanz

»Ich habe kein Wort verstanden, zeig mir die Zeichnung.«
Die Zeichnung half ihr auch nicht weiter, denn der sogenannte Springschwanz sah in natürlicher Größe wie ein dunkler Fleck auf dem weißen Blatt aus. Meister Evolutions Helfer hatte jedoch die Erklärung sehr gut verstanden, denn er meinte:
»Offenbar hat dieser Springschwanz, wie immer er aussehen mag, unter dem Bauch etwas, das ihm hilft. Was hast du denn dort?«
»Überhaupt nichts, nicht einmal mehr Beine.«

(Die Stimme der Schlange klang ärgerlich, aber das war begreiflich.)
»Macht nichts«, tröstete sie der Pelikan nachsichtig, »du schaffst es auch so. Stütz den Schwanz fest auf den Boden, nimm Schwung und wirf dich nach vorn.«

Die Schlange befolgte die Anweisung genau.
Sie stieß sich mit geschlossenen Augen ab, öffnete sie dann wieder, sah einen dicken Baum vor sich, konnte gerade noch rufen: »Hilfe, ein Baum!« und prallte auch schon dagegen.
Sie landete zerschlagen und blutend auf dem Boden und stöhnte:

»Dieses System gefällt mir nicht.«
»Das kommt nur daher, weil du nicht das richtige Organ besitzt«, belehrte sie der Pelikan bereitwillig.
»Gibt es denn gar nichts, was sich für mich eignet?«
Der Pelikan blätterte das ganze Büchlein durch und las ihr alle Vorschläge von Meister Evolution vor, aber die Schlange schüttelte jedesmal den Kopf, denn sie hatte genug vom Herumexperimentieren.

Sie wollte sich nicht eng wie eine Feder zusammenrollen und dann wegschnellen

oder sich um einen Pfahl schlingen wie ein Hufeisen (oder eine Schleuder, wenn ihr wollt) und dann plötzlich loslassen.

Sie lehnte ab, auf einem »Fuß« dahinzugleiten wie die Schalmuscheln und Schnecken, und wies darauf hin, daß sie keine Beine und daher auf gar keinen Fall einen »Fuß« besaß,

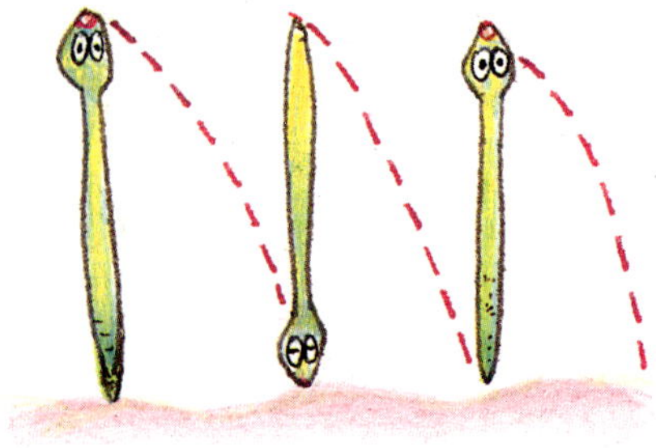

und sie weigerte sich auch, sich durch Purzelbäume fortzubewegen, obwohl sie mit all diesen Methoden bestimmt weitergekommen wäre. Statt dessen studierte sie in Meister Evolutions Buch jene Systeme, die als »Notlösungen« bezeichnet wurden. Zum Beispiel hieß es im Handbuch: Ihr könnt euch immer dadurch helfen, daß ihr es macht

wie die Raupe: sie läßt den Kopf an Ort und Stelle, macht

einen Buckel
schiebt den
Schwanz
zum Kopf,
läßt den Schwanz
an Ort und
Stelle und
schiebt den Körper
nach vorn.

Oder: Wenn ihr euch
vorstellen könnt,
daß eure Haut
ein Sack ist
(mit etwas Phantasie
geht das) und ihr die
Körperknochen gruppenweise
gleichzeitig bewegt,
als wären
sie Füße,
müßtet ihr ein paar Schritte schaffen.

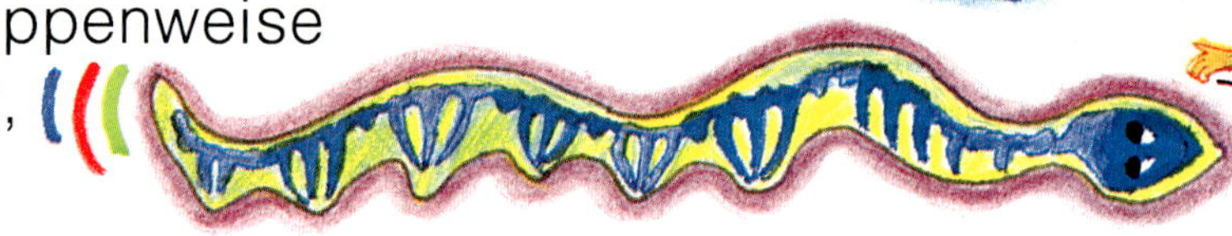

Oder auch:
Klammert euch
mit einem
Stückchen
eures Körpers an die Unebenheiten
des Boden und schiebt den Rest nach; damit kommt ihr mindestens einen Zentimeter weiter.

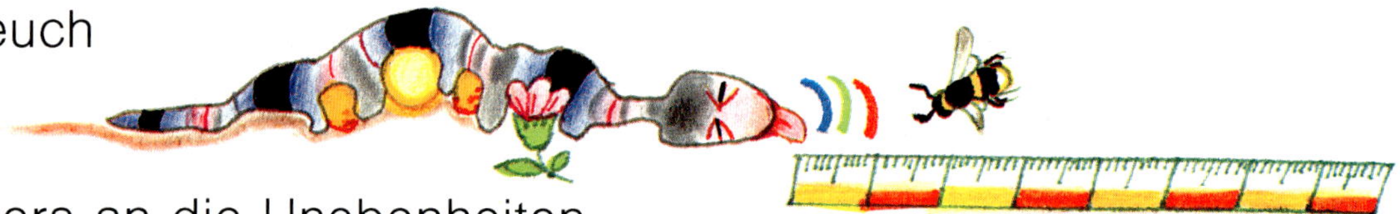

Die Schlange Python probierte die letzten drei Systeme nacheinander aus, kombinierte sie geschickt, übte diese überaus

anstrengende Fortbewegungsart stundenlang und war dann endlich zufrieden.

Nur der Staub war dabei unangenehm:
Solange er ihr nur in den Mund drang, spuckte

sie ihn aus, aber er drang ihr in die Augen, und die konnte sie
nicht reinigen, weil sie weder Hände noch Füße besaß.

Der Pelikan war spurlos verschwunden und meldete sich auf ihr Pfeifen nicht. Sie mußte sich also an Meister Evolution um Rat wenden.

Meister hatte offenbar beschlossen, in seinen Büros Ordnung zu machen, denn er rollte eifrig seine Zeichnungen zusammen und verschnürte sie mit rosa Bändchen. Er hörte der Schlange geduldig zu, erklärte ihr, daß die beste Lösung für ihre Probleme eine Brille wäre, und schlug ihr verschiedene Modelle vor:

EINE BRILLE

um Fernes
zu sehen,

um Nahes
zu sehen,

um Kleines
zu sehen,

um Großes zu sehen.

Lorgnons, Monokel, Brillen mit Bügel, Kneifer. Die Schlange probierte alles aus; sie erfüllten natürlich ihren Zweck und hätten

ihr auch gefallen, aber sie waren nicht das richtige.

»Und warum nicht?« fragte Meister Evolution, der immer noch mit seinen Päckchen beschäftigt war.

»Weil sie immer wieder hinunterfallen, und wie soll ich sie aufheben, wenn sie erst einmal auf dem Boden liegen?«

»Das ist richtig«, gab Meister zu, »wir müssen sie also befestigen.«

Er verschränkte die Hände auf dem Rücken, ging auf und ab und überlegte angestrengt; dann setzte er sich an den Zeichentisch und hantierte mit Zirkel und Lineal.

Zuerst kam er auf vollkommen unmögliche Ideen, wie

eine Brille, die mit zwei Nägeln befestigt ist oder mit

einem bunten Band, eine magnetische Brille, die

automatisch an ihren Platz zurückkehrt,

dann hatte er einen Geistesblitz und erfand die

KONTAKTLINSEN

(Die gleichen, die es heute, also viele tausend Jahre später, in allen möglichen Ausführungen gibt.)

Die Schlange war von ihnen begeistert. Sie funktionierten nicht nur ausgezeichnet, sondern verliehen ihr auch ein vornehmes, autoritäres, gelehrtes Aussehen, so daß die anderen ihr bestimmt von nun an mehr Achtung entgegenbringen würden.

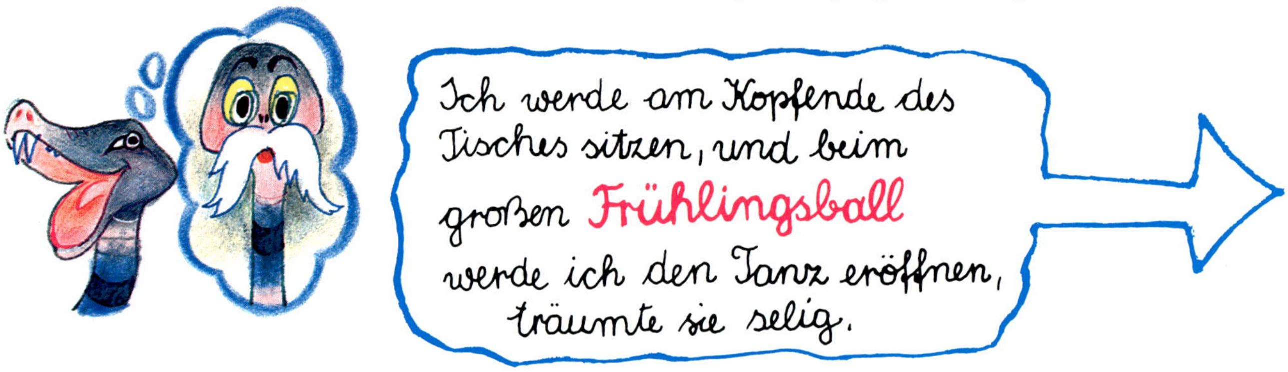

Meister hingegen starrte die Schlange unschlüssig an, ging um sie herum und musterte sie; schließlich kramte er in einer Schachtel, entnahm ihr einen kleinen Gegenstand, steckte ihn Python in den Mund und erklärte ihr, daß ihr ein patentiertes System, mit dem sie besser wahrnehmen konnte, vielleicht von Nutzen sein würde.
»Was werde ich besser wahrnehmen?« fragte die Schlange erregt.
»Nichts Besonderes«, beruhigte sie Meister, »nur Gerüche oder Geschmack und ähnliches mehr.«
Python bedankte sich bei Meister Evolution, verabschiedete sich und zog in die weite Welt hinaus, um sich bewundern zu lassen. Sie kam ausgezeichnet voran, indem sie geschickt über die Erde kroch und geschmeidig über das Gras glitt. Sie erwartete Komplimente,

Glückwünsche, bewundernde Worte und war davon überzeugt, daß die Tiere sie um die Wette zum Abendessen einladen würden.

DOCH NICHTS DERGLEICHEN GESCHAH

Zwar lachte niemand mehr über sie, aber es blieb auch niemand stehen, um mit ihr zu plaudern. Die erste Reaktion der großen und kleinen Tiere mit Ausnahme der Vögel bestand nämlich darin, daß sie schnurstracks nach Hause liefen und die Tür hinter sich zweimal versperrten. Dann begannen sie zu überlegen: Jeder hatte allerlei zu tun und konnte sich nicht ewig in seiner Höhle einschließen. Doch sie ergriffen Vorsichtsmaßregeln: Sie schätzten die Länge der Schlange und ihre Geschwindigkeit ab und meinten dann, daß der Sicherheitsabstand zu ihr mindestens dreißig Meter betragen müsse.

Zuerst war die Schlange betrübt, aber als ihr einfiel, daß die anderen Tiere ja nicht wissen konnten, was für ein fröhliches Geschöpf sie war, kletterte sie zum Spaß auf einen Baum hinauf; von da an flohen auch die Vögel und Affen, die sich bis dahin sicher gefühlt hatten, erschrocken vor ihr.

Die arme Schlange war traurig. Sobald sie jemanden erblickte und ihm freundlich »Einen schönen guten Tag« zurief, rannte der spornstreichs davon, statt ihren Gruß zu erwidern.

In den Wäldern und auf den Wiesen sprach man nur von Python, diesem seltsamen Geschöpf, das unbedingt beliebt sein wollte und statt dessen . . . du meine Güte.

»Sie ist so wenig anziehend«, meinte der Pfau.

»Sie erzählt nie etwas Interessantes«, behauptete der Papagei. »Sie sieht schrecklich aus«, piepste die Maus und zog sich sofort wieder in ihr Loch zurück.

Die Schlange bekam die Bemerkungen nicht mit. Sie hörte nämlich nicht mehr gut, wahrscheinlich war ihr ein bißchen Erde in die Ohren gedrungen. Nur gelegentlich erfaßte sie einen Satz, wenn jemand laut sprach, und manchmal erzählte ihr die Giraffe, die sich dabei anstrengen mußte, was über sie geredet wurde.

»Du müßtest nur öfter lächeln, dann würdest du eine Menge Freunde haben«, meinte einmal der Haifisch und grinste, so daß sie seine vielen prächtigen Zähne sah.

»Ich werde es versuchen«, beschloß die Schlange. Und ging tagelang liebenswürdig lächelnd (wie sie glaubte) herum. »Sie hat kein schönes Lächeln«, bemerkte das Pferd auf der Wiese. »Dieses Lächeln flößt kein Vertrauen ein.

Vielleicht kommt es daher, daß ihr ein paar Zähne fehlen.«

Die Schlange hörte auf zu lächeln.

»Meiner Meinung nach müßtest du versuchen, zu singen oder zu pfeifen«, meinte der Kuckuck. »Man erschrickt ja zu Tode, wenn man hinter sich ›Einen schönen guten Tag‹ hört und dann etwas erblickt, das kein Ende nimmt.« Die Schlange pfiff und pfiff, aber ohne Erfolg; jemand beschwerte sich sogar darüber, daß ihr Pfeifen mehr wie ein Zischen klang. Eine zarte Sopranstimme würde jeder gern hören, hieß es. Die Schlange merkte sich auch diesen Rat.

stellte der Leopard sachverständig fest. »Sie kommt immer in Grau daher, und das sieht aus, als ginge sie zu einem Begräbnis.«
Die Schlange fand, daß das eine ausgezeichnete Idee war, deshalb beschloß sie, zu Meister Evolution zurückzukehren und ihn noch einmal um Hilfe zu bitten. Sie kroch den wohlbekannten Berg hinauf, aber als sie das Haus erreichte, war die Tür versperrt, und der Pelikan befestigte an ihr gerade eine

BEKANNTMACHUNG

MEISTER EVOLUTION IST ABGEREIST. ER WIRD IN UNGEFÄHR VIERHUNDERT MILLIONEN JAHREN ZURÜCKKEHREN, UM DIE ERGEBNISSE SEINER EXPERIMENTE ZU BEGUTACHTEN.

»Wieviel sind vierhundert Millionen Jahre?« erkundigte sich die Schlange.

»Ich weiß es nicht genau, aber ich bin davon überzeugt, daß wir nicht so lange leben werden. Hättest du etwas gebraucht?«
»Mein Problem ist, daß ich keine Freunde finden kann. Jeder empfiehlt mir etwas anderes, das mir helfen könnte:

schöne
Zähne,

eine zarte
Sopran-
stimme

und ein Kleid
in lebhaften
Farben.

Jetzt brauche ich natürlich einen Rat.«
Der Pelikan sperrte mit dem Reserveschlüssel die Tür wieder auf. Er sah in dem Regal mit den Zähnen nach, aber dort lag nur noch ein vergessener Stoßzahn.
Die Schublade, in der Meister Evolution angenehme Stimmen und Reservestimmbänder aufbewahrt hatte, war leer.
Er fand nur ein bißchen Farbe und einen Pinsel. Damit malte er der Schlange ein buntes Kleid auf den Körper und trat dann ein paar Schritte zurück, um sein Meisterwerk zu bewundern.
»Es ist ein sehr schönes Kleid«, erklärte er zufrieden.
»Ist es auch bestimmt lebhaft genug?« fragte die Schlange hoffnungsvoll und eilte davon, um sich bewundern zu lassen.

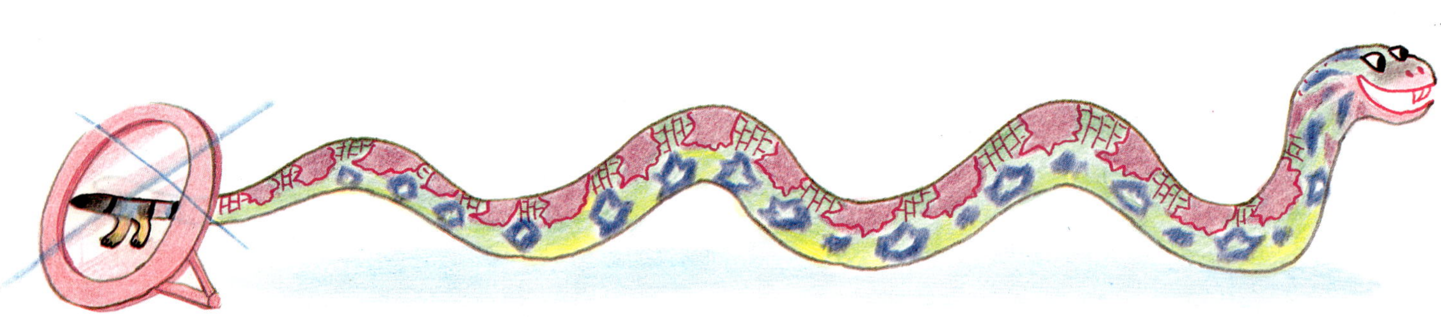

Nichts geschah, man beachtete sie überhaupt nicht, sie hatte sogar den Eindruck, daß sich niemand mehr für das Thema »Schlange« interessierte. In den einflußreichen Kreisen

sprach man nur vom Wetter, von der Kälte und von der bevorstehenden Eiszeit; man schloß Wetten darauf ab, welche Tiere durchkommen und die schweren Zeiten überleben würden.
Die einzigen, die nichts von der herannahenden Katastrophe wußten, waren Python und ihre Verwandten, die inzwischen alle mehr oder weniger gewachsen waren, es dem Stolz der Familie nachgemacht und die Beine fröhlich an den Nagel gehängt hatten. Sie waren deshalb ahnungslos, weil erstens niemand mit ihnen sprach und sie zweitens inzwischen stocktaub geworden waren, so daß sie nicht einmal mehr das Trompeten der Elefanten hörten.

BAAAR

Python bemühte sich, so gut wie möglich zurechtzukommen: an den Schwingungen des Bodens spürte sie, ob jemand in ihrer Nähe unterwegs war; wenn sie etwas ganz genau wissen wollte, streckte sie die Zunge heraus, bewegte sie hin und her und nahm dadurch einiges wahr, zumindest die Gerüche. Das verdankte sie dem Apparat, den ihr Meister Evolution in den Mund eingesetzt hatte. Natürlich war es kein leichtes Leben, und Python stöhnte ununterbrochen und pfiff dazwischen immer wieder, um ihren Freund, den Pelikan, herbeizurufen.

Eines Morgens tauchte der Pelikan unvermittelt vor ihr auf und fragte sie: »Warum pfeifst du so oft? Du siehst nicht so aus, als brauchtest du Hilfe. Ich habe dir beim Laufen zugeschaut und muß sagen, daß du sehr gut vorankommst . . .«

»Es hat keinen Sinn, daß du soviel sprichst«, unterbrach ihn die Schlange, »ich bin taub und höre kein einziges Wort. Du weißt ja, wenn ich krieche, bekomme ich Erde und Staub in die Ohren . . .«

»Das ist einer Unterhaltung natürlich nicht förderlich«, bemerkte der Pelikan, »aber ich könnte die Zeichensprache verwenden oder es mit Zeichnungen versuchen.«

»Kannst du mir denn wirklich nicht helfen?«

»Was soll ich noch tun?« rief der Pelikan bedauernd und fuhr heftig flügelschlagend fort: »Wenn Meister Evolution zurückkommt, kannst du ihn um Hilfe bitten, um irgend etwas – eine Medizin, funkelnagelneue Ohren, eine automatische Entstaubungsanlage.

ABER BIS ER ZURÜCKKOMMT . . .«

»Es kann doch nicht vierhundert Millionen Jahre lang so bleiben. Kaum komme ich wohin, machen sich alle aus dem Staub. Angeblich stört es sie, daß ich so unvermittelt aus dem Gras auftauche.«

»Warum hältst du eigentlich kein Glöckchen in der Hand?«

»Ich habe doch keine Hände!«

»Richtig, das hatte ich vergessen.«

»Und außerdem nützt es nichts. Ich gefalle einfach niemandem, ich bin allen unsympathisch. Als ich noch klein war, war alles anders. Damals sind wir immer zusammengekommen, die Glühwürmchen, die Schnecken und viele andere Tiere, sind in der Sonne gelegen und haben miteinander geplaudert. Jetzt spricht kein Hund mit mir.«

»Dann werde doch einfach wieder klein. Geh den umgekehrten Weg, leg dir wieder Füße zu, und wenn Meister zurückkommt, laß dir ein Aussehen nach deinem Geschmack geben, mit dem du wieder beliebt wirst.«

»Wieder klein werden?« fragte sich Python. »Die Idee ist gar nicht so schlecht.« Und während der Pelikan, der auf seinen guten Rat sehr stolz war, wieder seinen gewohnten Beschäftigungen nachging, begann Python zu träumen. »Es ist nicht notwendig, daß ich auf meine lange, recht originelle Gestalt verzichte, aber ich könnte mir lange Beine wachsen lassen, mir sogar ein Paar mehr zulegen, mir große Ohren verpassen lassen, ganz zu schweigen von einem strahlenden Lächeln, einer zarten Stimme und einem bunten Kleid. Am besten gefiele mir Gelb und Blau mit einer Spur Grün.«

Python sah sich bereits im Geist in ihrer neuen Pracht und überlegte, was sie dazu beitragen konnte. Genügte es, daß sie einfach Diät hielt, damit sie wieder klein wurde? Natürlich: Wenn man wächst, weil man viel ißt, wird man wieder klein, wenn man wenig ißt. Sie mußte unbedingt die Zahl ihrer Mahlzeiten einschränken. Sollte sie nur einmal wöchentlich essen? Nein, auch das war zuviel. Einmal monatlich? Das hörte sich schon besser an, genügte aber immer noch nicht. Am besten war es, wenn sie es schaffte, nur einmal im Jahr zu essen. Und ihre Beine würde sie sich zurückholen und an den richtigen Stellen anbringen.
»Wo habe ich sie überhaupt hingetan?« zerbrach sie sich den Kopf. Dann fiel es ihr ein: »Natürlich, ein Paar habe ich in die Schlucht geworfen und das zweite Paar auf einen Berggipfel gelegt. Ich muß also nur die Schlucht und den Berg finden.«
Seither hält Python eisern an ihrem Vorsatz fest: Sie ißt einen ganzen Ochsen auf einmal, dann fastet sie 364 Tage lang und kriecht inzwischen über Berg und Tal, um die Beine zu suchen, die sie so leichtfertig weggeworfen hat. Immer wieder fragt sie sich

voll Angst und Sorge: »Wo, zum Kuk-
kuck, habe ich sie nur hingetan?«
Die arme Python weiß nicht, daß eine Menge Berge und unendlich viele neue Schluchten entstanden sind, seit sie sich unvorsichtigerweise ihrer Beine entledigt hat.

CIP-Kurztitelaufnahme der Deutschen Bibliothek

Schiavo Campo, Renata:
Wie die Schlange ihre Beine verlor / Renata Schiavo Campo.
Ill. von Santa La Bella. [Aus d. Ital. von
Hilde Linnert]. – Wien; München: Betz, 1986.
Einheitssacht.: Da quando pitone perse le gambe ‹dt.›
ISBN 3-219-10340-5

NE: LaBella,Santa:

B 408/1

Aus dem Italienischen von Hilde Linnert
Originaltitel »Da quando pitone perse le gambe«
erschienen im Verlag Ugo Mursia, Mailand

Umschlag und Illustrationen von Santa La Bella

Papier und Gesamtherstellung: Salzer - Ueberreuter, Wien - Korneuburg
Printed in Austria

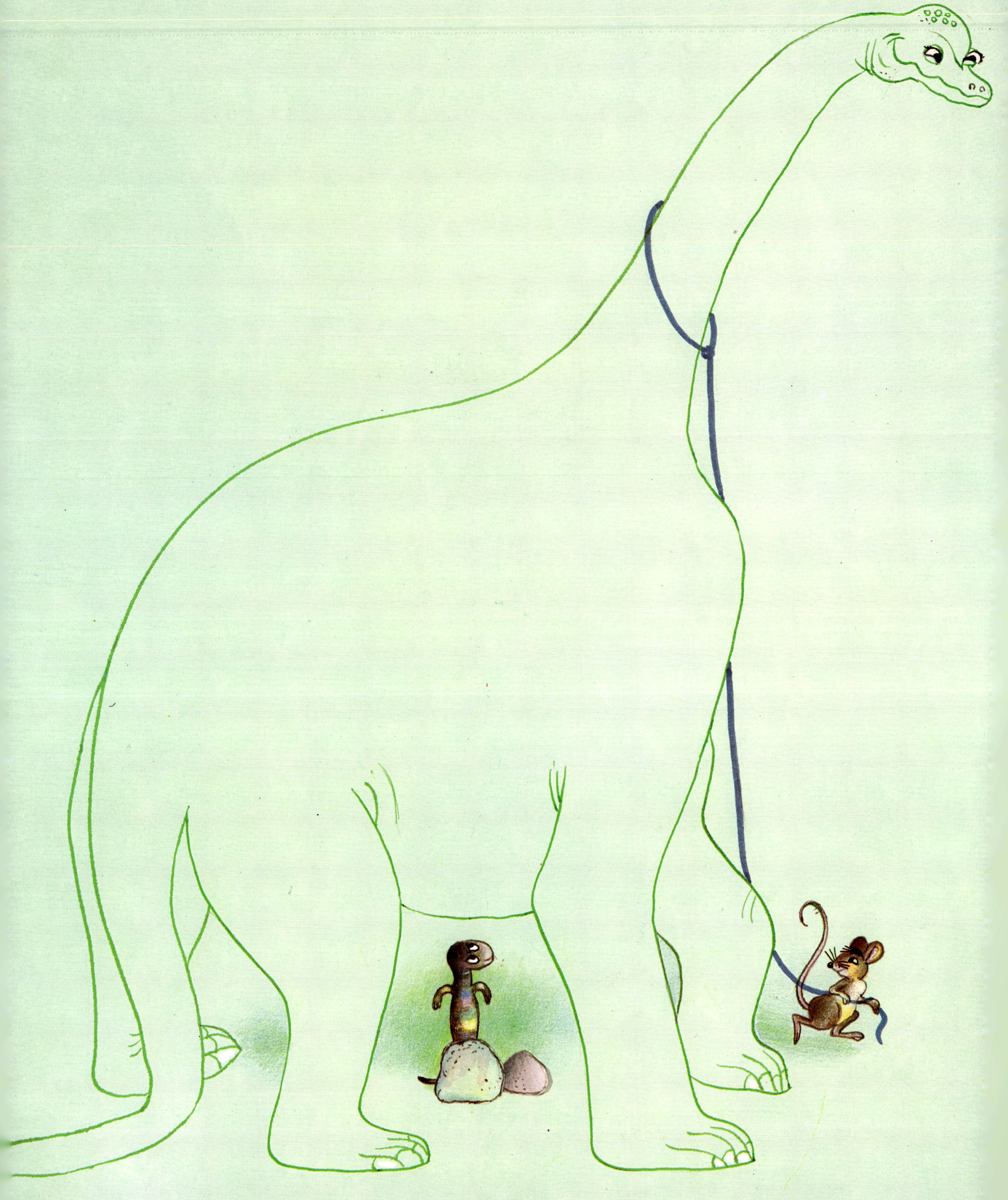